John Mutumosi

Une vie, trois histoires d'amour: Lettre à Benoît

John Mutumosi

Une vie, trois histoires d'amour: Lettre à Benoît

Éditions Muse

Imprint

Cover image: www.ingimage.com

Publisher:
Éditions Muse
is a trademark of
International Book Market Service Ltd., member of OmniScriptum Publishing Group
17 Meldrum Street, Beau Bassin 71504, Mauritius

Printed at: see last page
ISBN: 978-620-2-29506-2

UNE VIE, 3 HISTOIRES D'AMOUR : LETTRE A BENOIT

Dédicaces

A mes trois tourterelles, Précieuse, Tracy et Rebecca, je dédie le présent livre

Remerciements

Mes remerciements s'adressent aux éditions universitaires qui ont bien accepté d'accompagner ce projet et à Natalia

I. MES DEBUTS : UNE HISTOIRE DOULOUREUSE

Mon cher Benoit, je suis désolé de n'avoir pas écrit plus tôt que prévu. Je ne veux pas revenir sur les raisons pour lesquelles j'ai quitté Kindele, dans la banlieue de Kinshasa la Belle. Ce qui est vrai est que cet endroit me rappelait des souvenirs terrifiants. Il était des jours où je n'avais plus envie de vivre. Chaque pas dans les rues de Kindele me plongeait dans l'incertitude et dans un questionnement sans fin. J'ai essayé d'endurer, de lutter contre ces sentiments amers au début mais il était évident que ma place n'était plus à Kindele. Même les herbes des lieux me rappelaient la nécessiter de plier bagage et partir.

Ben, c'est vrai que je ne suis pas né à Kindele, mais les cinq années que j'y ai passées m'ont presque cimenté à ce territoire enrichissant, qui m'a vu devenir homme et papa.

Voilà maintenant 4 ans que j'ai quitté Kindele pour m'installer à Mbanza Lemba. Et depuis, on n'a pas communiqué.

Mon très cher Benoit, cela fait longtemps que tu n'as pas eu de mes nouvelles. Rassures-toi, je vais bien! Même si il faut le reconnaitre, Mbanza Lemba est très différent de Kindele. Il y a ici plus de monde dans les rues, plus de pollutions sonores ; les bruits des musiques jouées à tue-tête par les des débits de boisson et les églises évangéliques empêchent parfois de dormir la nuit. Il faut aussi ajouter l'ancrage du phénomène dit « Kuluna » (bandits urbains qui terrorisent les gens avec des machettes pour les rançonner).

Malgré tout, Mbanza Lemba reste un quartier où les gens sont chaleureux, et j'ai appris à m'adapter. Je me suis fait aussi quelques amis ici : Nijskens, Dieudonné, Naomi, Daniel, Severin, Carlos, Jessica, Béatrice, Jules et les autres. Je me suis aussi joint à une assemblée des fidèles où j'ai rencontré tellement des gens sûrs et attachants. C'est devenu ma famille.

Ben, depuis notre dernière rencontre, beaucoup d'autres bouleversements ont eu courts dans ma petite vie. Une vie faite des vicissitudes, des histoires passionnantes mais aussi des peines et des douleurs.

Je ne suis pas près d'oublier tous les beaux temps qu'on a passé ensemble, au cours de notre fleur de l'âge. Nous étions toujours ensemble, on se racontait des histoires et on avait des beaux projets à réaliser. Le projet qui revenait souvent dans nos lèvres est celui de trouver une âme sœur, sans trop savoir comment il fallait s'y prendre, surtout que moi particulièrement, j'étais le plus timide du groupe. Au fait, j'avais un peu de mal à aborder les filles. Derrière cette timidité et ces hésitations à s'engager dans une relation amoureuse se cache une enfance difficile.

J'aimerai peut être te raconter quelques épisodes de mon enfance, qui te permettront d'avoir une bonne lecture de certains de mes attitudes et comportement. Jeune enfant, je n'ai pas connu l'affection paternelle. A 3 ans, mon père nous a laissé au village, ma mère, ma sœur, mon frère et moi, pour aller faire des études dans une Ville à près de 500Km de chez nous. Ça semble pas grand-chose comme distance de nos jours, mais nous sommes vers les années 80 ; Pas de routes viables, pas de téléphone, pas de téléphone, pas d'internet et pas de réseaux sociaux dans ce village perdu de la république Démocratique du Congo.

La famille a vraiment souffert derrière. Ma mère, obligée de travailler dur dans les champs pour prendre soin de nous, nous laissait souvent avec des cousines qui toutes avaient la vingtaine révolu. Ça me gêne de te le dire. Je n'ai jamais eu le courage de le dire à mes parents mais j'ai été par deux fois victime d'abus sexuels à 5 ans et à 6 ans, et mes bourreaux m'avaient ordonné de ne jamais en parler à mes parents.

Encore aujourd'hui, je n'ai jamais eu le courage de le leur dire. PRIVATE comme NADEGE m'ont suggéré plu tard de dénoncer. Sans blague, qui prendrait au sérieux un père de famille qui alléguerait avoir été abusé sexuellement dans son enfance par deux filles adultes, toutes membres de sa famille élargie ? Ces épisodes sombres ont influencé mon attitude et mon comportement et m'ont refermé sur moi-même. Même adulte, je garde encore des séquelles affectives de ces épisodes noirs.

C'est les yeux littéralement pleins de larmes et le stylo tremblant que je te raconte cette page de mon histoire, pensant au même moment aux millions d'autres enfants qui subissent des traumatismes similaires, des sévices sexuels dans le monde. Tu comprends pourquoi je m'étais résolument engagé dans les mouvements associatifs de lutte contre les violences sexuelles à un moment de ma vie.

Pendant une grande partie de ma jeunesse, je souffrais, je pleurais, je n'avais pas de temps pour commencer une relation amoureuse. De toutes les façons pour moi, l'amour n'existait pas. Je ruminais la rancune, j'étais rassasié d'amertume.

Je ne saurai jamais oublier que vous m'encouragiez toi et les autres à trouver une personne qui éclairerait ma sombre vie de son amour et ses tendres affections. Apres des années d'hésitation, je t'ai annoncé que j'allais essayer. Là encore le début n'a pas été facile du tout avec certaines déceptions et semblants d'amour. Je commençais à me demander si l'amour était fait pour moi ou si je trouverai un jour quelqu'un qui me plairais et à qui je plairais. J'avais l'impression que le monde amoureux était repu des mensonges, des demi-vérités.

Il arrivait que je me demande quel était le sens de la vie. De toutes les façons, je ne savais pas comment bien m'y prendre pour commencer une histoire d'amour. Tout cela était avant de tomber sur une femme qui a su éclairer mon cœur endurcie et m'a redonner du sourire.

II. A TOI PRIVATE

Ben mon ami, je me rappelle comme si c'était hier, le 3ème anniversaire de mon mariage avec PRIVATE. Tu étais là mais j'ai une surprise pour toi. J'aimerai que tu lises intégralement la lettre que je lui ai composé pour cette occasion spéciale : « A toi PRIVATE, ma Princesse, je ne sais pas quels mots s'avèreront les mieux choisis pour t'exprimer mon amour. Je ne suis pas poète, ni philosophe, encore moins un artiste. Tu imagines donc toutes mes anicroches dans l'œuvre consistant à te dire des mots d'amour. Mais comment ne pas parler à une femme comme toi, qui m'a redonné du sourire!

En ce jour anniversaire de notre amour, tous les souvenirs me reviennent. Loin d'être une histoire d'amour, c'est vraiment la relation d'un amour historique. Comme je te le dis souvent, l'amour était pour moi un mythe, il n'existait que dans les livres et les romans, il était tout simplement trop beau pour être vrai, quand on en parlait. Pour moi, les récits amoureux étaient tout simplement des comptes des vieilles femmes, comme lorsque ma grand-mère me racontais, m'expliquant pourquoi la barbe était toujours autour de la bouche, parce qu'elle attend jusqu'au jour où l'estomac, qui lui a volé son plat de viande, sortira par le chemin où il s'est enfui, à savoir la bouche.

Je suis allé à gauche, à droite, derrière et devant à la recherche de l'amour authentique. Mes efforts sont restés inaboutis, jusqu'au jour où je perdis espoir, rassasié des déceptions, des semblants d'amour et j'en passe. Toutes mes tentatives amoureuses tournaient au vinaigre. Je commençais alors à me réfugier dans la haine de moi-même et de l'autre, l'isolement. L'amour n'était qu'un vœu pieux, « un père Noël » qui n'existe que dans l'imaginaire de la plupart d'enfants.

Mes études, le travail, les détentes et l'alcool n'ont rien changé à la précarité de mon être. Ah! Chérie, comme tu ne m'aurais jamais connu, au jour où les pensées les plus négatives m'envahissaient et que mon seul avenir était le désespoir. A une certaine époque tu sais, petit ange, je pensais qu'être loin de mes parents résoudrait quelque chose ; ainsi, pour économiser sur les frais de transport, de Masina au Campus, que je me suis retrouvé chez oncle Frank, puis dans votre parcelle où je louais avec des amis une petite pièce de $3m^2$, à Kindele. 4 ans s'étaient écoulés depuis que nous vivions dans une même parcelle et mon cœur rendu amer n'avait plus de place pour une personne, repu d'amertume, d'incertitude et de méfiance.

Les efforts de mes amis pour essayer même de m'arranger une relation amoureuse n'aboutissaient pas. Mes propres tentatives pour commencer une relation amoureuse ont toutes tourné au vinaigre. Ces échecs répétés n'ont fait qu'ajouter à la précarité de mon être.

Je suis sûr que ce qui te revient à l'esprit est que j'aimais m'isoler. C'était normal pour moi. Lorsqu'un animal est malade, il s'éloigne du troupeau ; il a besoin d'être seul pour lécher ses plaies. Oui, j'étais malade, plutôt, mon cœur était malade et aucun médecin ne pouvait guérir cette infection qui me rongeait de l'intérieur. Je souffrais, je pleurais, j'étais rongé de l'intérieur et cela transparaissait sur mes attitudes et comportements. Je devenais de temps en temps agressif en parole. Je me rappelle du jour où un de tes cousins m'a envoyé une lettre de mise en demeure portant sur le retard du paiement du loyer ; il en a eu pour son rang. Je lui ai donné une réponse musclée!

Rassures-toi « Petit œuf », j'ignorais deux choses : que l'amour vrai existait à côté de moi et que toi, tu avais les mêmes problèmes affectifs. Tu avais l'impression que tu n'intéressais personne alors que tu avais toutes les qualités pour être la princesse dont tout le monde pouvait rêver. Comme j'aurais voulu avoir la sagacité de prophète pour que j'interprétasse ce que tu supportais! Il est vrai que tu n'imaginais pas qu'un jour viendrait … il était à ma montre 19h50', après le culte, quand je dis à Benoit que je ne m'expliquais pas ce qui m'arrivais car je commençais à avoir des sentiments pour toi et me sentais attiré vers toi, comme lorsqu'une personne est convaincu d'un appel divin. Benoit, tout heureux et surpris, m'a encouragé à ne plus perdre de temps. Je comprends son empressement et sa chaleur. J'étais le seul du groupe à ne pas avoir de relation amoureuse. Est-ce que je n'allais pas connaître un nième échec ? Je tremblais de peur et ma tension montait. Je n'aurais pas souhaité que tu sois à ma place ce soir!

En ce moment, je t'ai aimé et te le dire était devenu à la fois une vocation et un fardeau. Tu te souviens que juste après avoir causé avec Ben, je t'ai demandé : »puis-je te raccompagner ? ». Ma question te surpris naturellement car nous habitions la même parcelle et tu imaginas sans doute que j'avais des choses à te dire. Je ne sais pas à quoi tu as pensé en ce moment. Mais c'était évident, tu t'es posé la question, et si …

Je ne peux pas perdre une seule seconde que moi, qui étais habitué à te parler, suis resté quasi-muet sur tout le trajet jusqu'à ce que l'on soit arrivé à l'entrée de la parcelle et que tu me demanda : »est-ce que ça va ? ». Tu vois encore comment j'ai sursauté, comme un dormeur que l'on réveille brutalement. Oui je dormais et faisais des beaux rêves, rêves de nos prochaines épousailles. Ma langue était devenue trop lourde à dires des choses. Mon cœur battait mille fois plus que d'habitude. Je ne m'étais jamais senti assi stressé de ma vie avant.

Mon amour, tu te rappelles, ce jour-là tu me trouvais tout d'un coup obséquieux, très poli, tout ce que je disais était au conditionnel, sans lâcher le fond de ma pensée. A vrai dire, j'ai manqué de courage pour te cracher mes sentiments amoureux. Je n'ai pas pu, je n'ai pas su, tout simplement.

Lorsque nous nous sommes séparés, je me suis reproché de t'être laissé avec 23 trillars d'interrogations. J'aurais bien voulu que tu prennes le devant, cela m'aurais facilité la tâche, mais nous sommes nés en Afrique, où ça fait bizarre pour une fille de faire des avances à un homme.

Puis vint ce beau soir de novembre 2005. L'amour que je tentais de contenir brûlait tel un feu au-dedans de moi. Il faisait un noir terrifiant, le vent soufflant d'une façon pérenne ajoutait à mon dilemme. Il ne s'agissait pas de faire un choix car le feu de l'amour m'obligeait tel un maître à son esclave. Je n'eus de choix que d'écouter mon cœur et de vomir cet amour impatient et dominateur. A ce moment précis où il fallait faire la déclaration solennelle pour la vie, cette fille à laquelle j'étais habitué me paraissait tout d'un coup étrangère, comme un ange qui troublait mon esprit, désorientait mes pensées et mon expression. Je devins comme un bègue devant cette demoiselle dont le regard interrogateur et insistant me bouleversait. C'est à cet instant que la passion me communiqua quelques mots d'amour que je répétais à demi-mots.

Ce fut le lundi de tous les enjeux ; je devrais convaincre de la sérénité de mon engagement. Ce jour devrai signifier un chambardement dans ma petite vie. Comme tu as été gentille, compréhensive et amicale ce soir-là! Ça m'a mis l'eau à la bouche, tendu une perche que je n'ai pas hésité de prendre. Ce qui est vrai, c'est que tu ne reconnaissais plus ce John, bien que timide, était éloquent, emphatique et qui n'avait jamais sa langue en poche, lorsqu'il décidait de parler. Celui qui était devant toi était un John dubitatif, ébouriffé, balbutiant et cherchant des mots.

Je dois avouer que je ne me rappelle pas avec précision ce que je t'ai dit pour t'expliquer que je t'aimais. Comment je peux me le rappeler alors que j'étais comme un ivrogne qui oublie ce qu'il a dit, une fois devenu sobre. Tu ne t'imagines pas dans quelle incertitude tu m'as mis quand tu m'as dit que tu te prononceras dans trois jours, le temps de réfléchir.

Perle précieuse, je n'oublierai jamais que je me suis comporté ces trois jours de façon à ce que tu ne trouves aucune tare, rien à redire à mon comportement. Je me vois encore fuir les cours pour aller te chercher des médicaments et te réconforter quand tu es tombé malade le jour suivant. Je suis resté à tes ordres toute la journée et faisais tous ce que tu me demandais. J'étais prêt à dépenser même l'argent envoyé par mes parents pour les frais académiques, question de t'acheter tous ce que tu voulais. Et rassure toi, je t'aurai donné jusqu'à la moitié de mon royaume si j'étais roi.

Ce que je ne t'ai jamais dit, ce que je ne fermais pas l'œil ces deux nuits qui ont suivi, tant les pensées sur ta prochaine réponse et sur mon comportement d'après envahissaient mon esprit et m'enlevaient mon sommeil. Qu'importe, j'aurais su veiller une éternité de plus pour toi ; pour penser à toi, la fille à l'éclat du soleil.

Ma biche, je ne sais pas comment tu as passé la journée de jeudi. Quant à moi, mon esprit sortait et rentrait au-dedans de moi. Je m'étais arrangé pour rester à la maison toute la journée. Et quand Stève est venu me dire vers 18h00 que tu voulais me parler, j'eus chaud et froid en même temps, j'ignorais la meilleure position à prendre, ni le meilleur comportement à adopter. Ça me fait encore sourire aujourd'hui tu sais!

Chérie, ta première question me troubla : »pourquoi moi » ? ». Encore une fois, j'ignore avec précision ce qu'a été ma réponse, mais ça doit être quelque chose de ce genre : »je ne sais pas dire pourquoi, mais je sais que mon cœur et ma tête ont été convaincus par tes nombreuses qualité et ton charme ». Tu restas silencieuse jusqu'au moment où tu lâchas : »dans la mesure où tu me donneras un amour désintéressé et sincère, pour la vie, je ferai de même ».

Ouf!!! J'ai eu envie de crier, de vociférer, danser, exécuter des mélodies, rester, partir, t'embrasser. Voilà ce qu'il me fallait pour que ma tension se stabilise. En cet instant, l'amour circulait dans mes veines comme du sang dans les veines. Je me suis interrogé sur le meilleur ton, les meilleures paroles, les meilleurs gestes qui puissent mieux extérioriser mes sentiments de satisfaction. En même temps PRIVATE, je percevais l'immensité de ma nouvelle responsabilité, celle qui impliquait entre autre t'apprendre le chant mélodieux de l'amour, celui qui se chante à deux, l'amour qui est toujours là, même quand il en manque un peu. Je n'ai pas pu mettre quoi que ce soit sous la dent ce soir-là, rassasié de toi, de tes paroles, de ton amour …

Ma fritte, rappelles-toi que nous n'avions pas tardé à rencontrer des difficultés, des épreuves et des obstacles. Par exemple, des personnes, surtout de ta famille, se sont opposées à notre jeune amour. Je vois encore ton frère ton frère me menacer en criant : « je ne veux plus te voir avec ma sœur ». je le regardait, sourd et muet. Moi je les comprenais ; étant encore étudiant, même si j'étais en terminal, j'étais présumé farcer et je passais pour une personne qui jouait avec les sentiments de leur fille, sœur, cousine ou nièce. Ils m'ont traité de tous les noms d'oiseaux. Tu te souviens que toi comme moi avons passé une soirée littéralement en pleur car nous réalisions la fragilité de notre amour.

Les choses se sont empirées quand ta famille a demandé de quelle tribu et province j'étais originaire, et que ma famille a fait de même. Il faut préciser que nos deux tribus n'apprécient pas des mariages entre elles. Je me rappelle avoir courageusement répondu à ma famille : « je sais qu'elle n'est pas de ma tribu ou province, et qu'elle a des défauts et des imperfections ; mais la seule chose dont je suis sûre est que je l'aime de tout mon cœur ». Pour une de rare fois de ma vie, je disais non à ma famille. Quel courage ton amour m'a insufflé!

Tu n'oublies pas non plus que certains de mes amis sont venus me calomnier auprès de toi. Je n'ai jamais compris leurs mobiles! Comme je suis heureux que tu ais ignoré ces attaques! A cela il faut ajouter mes difficultés financières. Bien que je participais à des activités rémunérés dans le cadre du réseau des adolescents et jeunes en population et développement, je dépendais encore de mes parents pour la moitié de mes besoins Par ailleurs, être étudiant à Kinshasa est particulièrement éprouvant financièrement. Il a fallu de la détermination pour montrer aux uns et aux autres qu'aucun obstacle ne pouvait arrêter la fulgurante marche du train de notre amour. Comme je te suis reconnaissant! Tu n'étais pas obligé d'avoir une confiance quasi aveugle en moi, mais tu l'a fait, dès le départ, t m'a regardé dans les yeux et tu as su que mon amour était sincère.

Mais ce n'est pas tout. Tu es loin de perdre de vue les pressions extérieures, les vicissitudes et les incompréhensions internes à notre relation. Eh oui, il y a eu des moments où j'ai menacé de rompre. Comme lorsqu'un jeune qui t'avait dragué auparavant t'a rappelé pour essayer de faire du forcing, en ma présence! J'étais dans tous mes états. En fait, je suis très jaloux et tu le sais. Cet amour ne se partage pas, ne tolère aucune rivalité, C'est humain! Pourtant, tu es restée optimiste et m'encourageais. Dans toutes ces épreuves, j'ai apprécié que notre amour ait été le plus grand vainqueur. Comme tu dois te sentir fière du travail abattu pour renforcer les piliers de notre amour!

Trois ans se sont écoulés depuis que je t'ai passé la bague au doigt devant l'officier de l'Etat civil, et que nous avons juré devant Dieu de nous aimer aussi longtemps que nous vivrions sur cette terre dans le cadre du mariage. Trois années de bonheur. Je suis très fière de constater que dans tous les environs, tous les amoureux nous citent en exemple d'un amour réussi, d'un amour au grand jour, qui brille comme de l'or affiné.

Mais saches, PRIVATE, que d'autres problèmes, difficultés et obstacles joncheront le cursus de notre amour. Comment réagiras-tu ou réagirais-je devant des milliers des sollicitations d'autres garçons ou filles ? Plus beaux ou belles, plus riches que toi et moi ? Comment réagiras-tu ou réagirais-je aux pressions des pairs ou des parents opposés à notre relation ? Tout dépend PRIVATE, de la quantité de l'avenir que nous mettons dans le présent. La construction, la consolidation de notre amour sur des bases de sincérité, de communication, de confiance mutuelle et d'optimisme nous permettra d'apaiser des vagues encore plus dangereuses et de faire que notre amour fasse école, qu'il devienne une source d'inspiration pour d'autres amoureux.

Sans t'amadouer mon cœur, tu es celle que je recherchais depuis des années, la côte de mes côtes. Voici trois ans depuis que nous nous sommes décidés d'unir nos projets, nos ambitions, nos désirs. Ces trois années n'ont pas été que roses. Au nom de l'amour que tu me porte, puisses-tu passer l'éponge sur mes fautes et manquements, sur les peines causées par moi. S'il y a eu des moments de bas amour de par ma faute, puisses-tu considérer cela comme un lointain passé, jeter ces souvenirs dans l'immense abîme d'où personne ne peut sortir.

Ma tendresse, en ce jour anniversaire de notre amour, je veux te rassurer solennellement que je serai encore plus tendre, je saurai me battre contre une armée, pour mieux t'aimer. En tout cas ce que je ressens pour toi est plus fort que moi.

Fille à la peau noire, écoute mon cœur. Tu es mon intime, ma confidente, mon identité. Comme j'aimerai jouir de ton affection et de tes marques de tendresse pour l'éternité! Tu es ma princesse et je suis conscient que cela implique que je sois exclusivement à ton service. Comme j'aimerai toujours apprécier ta voix mélodieuse, ta voix angélique!

PRIVATE, je n'ai pas de fortune à t'offrir et tu le sais ; tout ce que je puisse t'offrir, c'est mon amour authentique. L'amour, qu'est-ce ? L'amour c'est toi! Tu es le sommet de mon amour. Penses à moi toujours et en toutes circonstances ; Que mon amour t'enivre et t'affole! Tu es mon tout! Je t'appartiens aujourd'hui à jamais.

Tu l'auras compris chérie, cette lettre n'est pas un roman d'amour, mais la relation d'un amour romantique. Je suis sûr que tu la garderas sur toi où que tu ailles et que tu t'en souviendras où que tu sois.

Ben, je vois encore PRIVATE verser des larmes lorsque je lui ai lu cette lettre, se lever et m'embrasser tendrement. Mais c'était ses dernières larmes de joie. Qui l'aura cru hélas! Que l'ennemi implacable à tous les humains, la Mort, allait m'arracher précocement ma tendre PRIVATE ce jeudi 8 septembre 2011. Oh la mort, je l'ai cherché partout pour qu'elle me rende ma PRIVATE, en vain. J'ai pleuré toutes les larmes de mon corps. Mon monde s'effondrait ; PRIVATE s'est endormie dans la mort, me laissant un bébé de 7 mois. Ce jour-là, c'est comme si le moteur de ma vie s'est arrêté. J'ai replongé dans l'isolement et la dépression. N'eut été vos consolations m'exhortant d'être fort pour l'enfant, je serais descendu au shéol, vers PRIVATE. Je la pleurais chaque jour. Je n'ai pas pu accompagner le cortège funéraire au cimetière. Jusqu'à ce jour, je n'ai jamais su où on l'a enterré. Comment pourrais-je voir ce cimetière Ben ? Je préfère ne jamais me rendre à cet endroit jusqu'à mes vieux jours.

III. A TOI NADEGE

Ben mon ami, deux ans se sont écoulées, je ne me suis pas empêché de me remarier. C'est presque normal. Si non, as-tu déjà vu un veuf de 36 ans d'âge ? J'aurais bien voulu te présenter ma nouvelle épouse mais il y a eu un imprévu ; elle s'appelle NADEGE. J'aimerai que tu la découvre à travers cette lettre que je lui ai écrite à l'occasion de l'an 5 de notre mariage :

« A toi NADEGE, mon amour, ce 16 décembre est le 5ème anniversaire de notre amour est un événement historique.

Tu sais, je n'ai pas été fait pour vivre seul. Je suis un gros bébé qui a besoin d'une âme consolante à ses côtés. J'étais habitué de vivre en couple et la vie en solitaire ne me convenait pas. Mais quelle fille accepterait un monsieur célibataire malgré lui, et père d'une fillette en plus ? Benoît encore lui, m'a recommandé de bien réfléchir à la nouvelle orientation que j'allais donner à ma vie.

J'ai réfléchi à tous les scénarios, il m'apparaissait impossible de continuer seul. Mon amour resté célibataire criait pour exiger une nouvelle histoire d'amour, mais laquelle ? Ah! Je ne pouvais pas imaginer il y a quelques années, que je me poserai cette question si tôt. Mais la vie est comme ça! Il y a des choses qu'on ne maitrise pas ; il faut les accepter, voir la réalité en face et avancer. J'ai hésité entre deux splendides personnes, mais je n'avais qu'un seul cœur, conçu pour être la propriété d'une seule personne! C'est dans ce contexte que tu es sorti du lot dans mes pensées et que tu t'es imposé à mon esprit, le remplissant, comme l'eau recouvre la mer. J'ai demandé conseil à beaucoup de gens qui m'ont encouragé sur cette voie.

Tu te rappelles surement comment tout cela a commencé, un certain dimanche soir. Tu étais là sur mon invitation parce que j'avais des choses à te dire. Je me rappelle que tu t'étais mise sur ton 31, très chic. Ah!, les premières paroles d'amour! Comme elles sont difficiles à être dites. Rappelles-toi que tellement terrorisé par la solennité du moment, j'avais carrément écrit tout ce que j'avais à te dire. Tu l'as remarqué parce que tu me l'as rappelé plu tard. Comme des vagues orgueilleuses, ta présence m'intimidait. Tu m'a écouté religieusement te dire d'une voix tremblante comment je voulais refaire ma vie avec toi. J'avais très peur de ta réaction ; j'ai compris pourquoi un chat échaudé craint l'eau froide.

NADEGE mon cœur, je ne m'attendais pas que tu me dises que tu avais besoin de deux semaines pour réfléchir. Les pensées les plus troublantes m'envahissaient mais je n'avais d'autres choix que d'attendre. Ce fut une éternité, l'une des périodes les plus longues de ma vie. J'avais l'impression que les jours s'allongeaient. J'aurais bien voulu avoir le pouvoir de raccourcir les jours afin de savoir la « réponse » que tu me réserverais. Tu m'as dit un jour que tu voulais 2 semaines afin de t'informer avec soin sur moi et demander conseil. Bien sûr que je suis un homme bien et très peu peuvent te dire du mal de moi.

Et le jour « J » NADEGE, mon trésor, lorsque tu me dis « NON », je me sentis comme dans un tourbillon ; ce non a sonné comme une tornade. Je pris quelques minutes de silence pour réaliser ce qui arrivait. En même temps, j'ai réalisé que ce non manquait de conviction, qu'il ne venait pas du cœur. Tu étais apeuré par le « qu'en dira-t-on », mais aussi par la possibilité que les souvenirs de PRIVATE ne fasse de l'ombre à mes sentiments vis-à-vis de toi. Au fait, tu t'étais informé minutieusement sur ma première histoire d'amour et tu avais aussi peur de ne pas savoir être aussi démonstrative dans tes témoignages d'affection que ne l'était PRIVATE. Pourtant NADEGE, tu l'a fait! Ma détermination et mon insistance ont été si puissant qu'elles ont changé le N en O, le O en U, et le N et I. Quel soulagement! Et quelle belle histoire allait suivre!

Je me souviens particulièrement du moment où je devrais aller en voyage de deux semaines à 500 kilomètres de Kinshasa. C'était des moments d'émotion terribles. On était habitué de rester près des yeux près du cœur ; je n'ai jamais pensé qu'il était possible d'être loin des yeux et de rester près du cœur. Les 10 jours que j'ai passé à l'intérieur du pays m'ont semblé toute une éternité que nous ne devrions pas supporté. Je n'ai pas su faire un jour de plus à K-Lunda tant mes pensées étaient chaque seconde tournées vers toi. NADEGE chérie, tu étais un virus qui avait envahi tout mon système humanitaire et vivre sans toi me semblais de plus en plus impossible. L'amour est vraiment un bon dictateur, un dictateur éclairé qui ne supporte pas l'opposition.

Tout était en place pour une vie d'ensemble radieuse tant nous nous étions fabriqué un monde de rêve! Je me rappelle que l'on se parlait chaque jour jusque tard la nuit, parfois même toute la nuit sans arrêt, seul la décharge de la batterie de l'un de nos téléphones mettait fin à des conversations que j'aurais aimé voir dans les poèmes que l'on mettrait à la disposition des amoureux du monde entier.

Ma biche, c'était beau d'être à côté de toi, de tenir ta main, et de te consoler chaque fois que tu en avais besoin. Ma présence était souvent le cachet qu'il te fallait quand tu étais dépressive. C'était des fiançailles d'anthologie!

Bébé, j'étais loin d'imaginer les graves difficultés qui étaient sur le parcours de cette nouvelle aventure. Plusieurs moments des peines, douleurs, d'anicroches, sur lesquelles je ne saurais revenir. Je préfère retenir les bons moments passés ensemble durant ces 5 dernières années.

Je veux que tu saches NADEGE, que je t'aime de tout mon cœur, et puisse cette 5ème tarte être le début de notre le début de notre véritable vie commune épanouie. Encore une fois NADEGE, je t'aime vraiment, du fond du cœur et je veux continuer à apprécier ton sourire pour toujours. Depuis l'instant où tu es entré dans ma vie, la bataille pour le contrôle de ton cœur a été difficile mais exaltante. C'est moi, celui que tu appelles affectueusement « ton Jo » et je t'aime. »

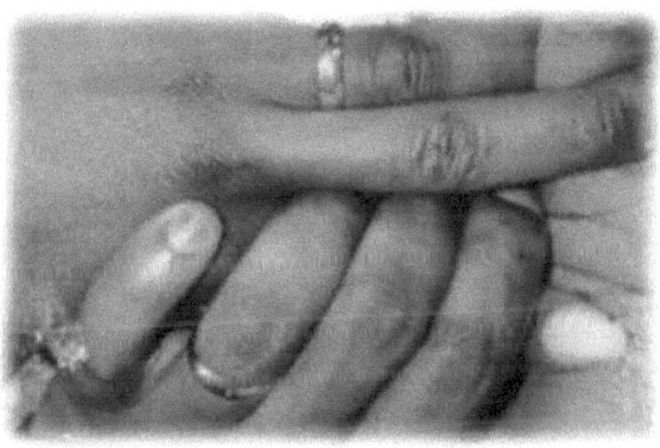

Ben, c'est la vérité, au fond de moi, j'ai aimé NADEGE, comme j'ai aimé PRIVATE. J'aimerai te dire que les choses marchent désormais comme sur des roulettes, mais hélas!

Des situations extrêmes ont fini par l'emporter sur cette 2ème histoire d'amour. Voici maintenant plusieurs mois que nous vivons séparés, et cette séparation m'a déchiré le cœur et l'esprit. Elle est devenue plus pénible à supporter. La vie est tellement imprévisible Ben, et l'amour a des raisons que la raison ne connait pas. Tout un sujet de dissertation pour les élèves de 6ème année et pour tous les amoureux de l'amour. 5 ans Ben est le temps qu'il a fallu à cet édifice pour s'effondrer. Je ne saurai pas te donner les détails sur les circonstances de cette séparation.

IV. MES ENFANTS : MA FIERTE

Tout ce que je sais te dire est que je suis allé vivre avec ma fille ainée qui a maintenant 8 ans, et NADEGE est rentrée chez sa mère avec les deux autres fillettes qui ont 5 et 3 ans. De temps en temps, je vais visiter les enfants, parfois en route je vois NADEGE avec les enfants de loin et je m'effondre en pleur littéralement. Je ne comprends pas ce qui arrive et ce qui m'arrive Ben. Je vois bien aussi que NADEGE et les enfants souffrent affectivement, et cela me déchire le cœur. Tu peux me reprocher de n'avoir rien tenté, mais laisse-moi te dire les trois tentatives pour me réconcilier avec NADEGE ont toutes échoué. C'est clair, on s'aime encore mais la peur de revivre les événements qui ont mené à la séparation nous empêchaient de décider de revivre ensemble. Notre amour semble avoir été vaincu par la méfiance et la peur.

J'aimerai venir te voir mon ami, et te présenter mes 3 tourterelles, ces 3 fillettes que m'ont données PRIVATE et NADEGE : PRECIEUSE, TRACY et REBECCA. Pour moi, c'est des dons sacrés, des cadeaux du vrai Dieu. Ce sont des enfants adorables. Elles sont devenues ma consolation! L'ancre qui stabilise le bateau dans lequel je voyage vers l'inconnu.

PRECIEUSE est l'enfant à papa. Elle n'aime pas me quitter, elle se sent bien à côté de son père. Il y a une explication à cela : PRIVATE me l'a laissé toute petite (7 mois) et je suis resté seul avec elle pendant 2 ans, lui donnant toute l'affection dont elle avait besoin, avant que NADEGE, à qui je suis plus que reconnaissante, ne vienne me donner la main dans l'éducation de cette fillette attachante. Elle est vraiment précieuse à mes yeux et je l'aime.

Tracy est une vraie fan de son père. Elle adore me faire des câlins et pleure quand elle n'a pas entendu ma voix une journée entière. Elle n'a que 5 ans mais elle me demande de reprendre « maman » et pleure. Je lui promets que ça va être fait très bientôt, le temps de régler quelques détails. En même temps, je comprends pourquoi la sagesse africaine dit qu'un mariage avec enfants ne se rompt jamais. Je me souviens encore du jour où j'ai coupé le cordon ombilical dans la salle d'accouchement. Je l'ai tout de suite aimé de tout mon cœur. C'est un vrai trésor du ciel cet enfant.

REBECCA est l'enfant qui me ressemble. Je ne parle pas que du portrait physique, mais aussi du caractère. Elle plus enclin à aider, à démontrer son affection, à consoler. Et quand je lui fais un câlin, elle refuse de me lâcher. Je la prends dans mes bras pour lui chanter des cantiques et lui dire combien je l'aime. C'est ma cadette et je l'aime.

Ben, j'aime beaucoup mes enfants et j'aime le leur montrer. Plus qu'un père, je suis un ami pour elles. Je ne veux pas qu'elles vivent les mêmes choses horribles que j'ai vécues dans mon enfance. C'est pourquoi je tiens à leur transmettre des valeurs telles que :

- La maitrise de soi, pour qu'elles sachent garder leur calme dans des situations angoissantes, et ne deviennent pas impulsives ;
- L'humilité, pour qu'elles soient conscientes de leurs limites et sachent s'appuyer sur des amis vrais ;
- L'endurance, pour qu'aucun échec dans la vie ne les fassent reculer, qu'elles apprennent de leurs erreurs ;
- Le sens de responsabilité, pour qu'elles soient travailleuses, organisées et ponctuelles ;
- L'honnêteté, pour qu'elles soient digne de confiance ;
- L'amour pour qu'elles sachent aimer, même si elles en ont déjà une bonne dose dans les gênes.

V. MES CONCLUSIONS

Ben, je promets de te parler en détail de mes enfants prochainement ; il s'agissait aujourd'hui de te parler de mes histoires d'amour.

Ah! Le cœur, ce tout petit membre, mais capable de réduire même le Roi le plus puissant en esclavage ; qu'il est extrêmement mauvais! Dieu seul sait pourquoi il l'a mis au-dedans de nous. S'il était un membre externe, je crois que j'aurais tout fait pour le dompter, mais hélas! Quand le cœur souffre, tout souffre!

Est-ce que je regrette d'avoir épousé NADEGE ? Absolument pas! Je serai même prêt à refaire cette histoire d'amour s'il le fallait. Je serai même prêt à lui renouveler mon amour et faire de cela une 3ème histoire d'amour, bâties sur des bases nouvelles et éternelles. Cette 2ème histoire d'amour m'a appris à être un homme, un grand homme, avec des qualités comme l'humilité, la pondération dans le jugement, la patience, l'empathie, et cela grâce à NADEGE la travailleuse, l'amoureuse, la possessive, celle à qui je pense encore et toujours, que j'aime toujours malgré que revivre ensemble devient de plus en plus difficile au fil des jours. Cette relation m'a permis de savoir partager l'amour de ma femme avec les enfants. Je suis devenu « papa » au vrai sens du mot.

A vrai dire BEN, les étreintes de NADEGE me manquent et mon cœur si seul me réclame une âme sœur. Si seulement je pouvais le changer contre un cœur artificiel, ce cœur si amoureux et passionné! Malheureusement, je ne peux pas changer cela, je suis John, je suis amoureux, c'est comme ça! Par trois reprises, j'ai tenté la réconciliation avec NADEGE mais ça n'a pas marché. J'ai perdu cette bataille, mais la guerre pour un amour éternel est encore en cours. Pour te dire vrai, je m'étais promis que NADEGE serait la fin de ma carrière amoureuse, au jour où nous nous étions mis d'accord pour unir nos projets. Je peux t'assurer que je continuerai d'essayer à reconquérir son cœur pour former une troisième histoire d'amour, redonner un souffle nouveau à cet amour endormi.

Ah Benoit, la vie dans ce monde m'a appris des bonnes leçons :

- Que l'amour vrai existe, il suffit de farfouiller et d'être patient ;
- On peut savoir comment notre histoire d'amour va commencer, mais on ignore comment elle va se terminer ;
- La vie à deux comportes des imprévus, parfois on ne peut rien y faire, c'est comme ça!
- On peut minimiser les difficultés dans une relation amoureuse si l'on fait le bon choix, pas sur un coup de foudre mais basé sur des valeurs communes et des objectifs convergents ;

- S'il est vrai que le temps guéri et les blessures, il est plus exact de dire que c'est la manière dont on occupe son temps qui aide à guérir ;

-L'amour est source de joie mais aussi des chagrins ;

- Si on se marie juste pour satisfaire ses désirs sexuels, on pourrait rapidement être déçu ;
- Deux personnes qui s'aiment ne sont pas identiques. Leurs constitutions mentales et affectives sont différentes et elles n'ont pas reçu la même éducation. La mésentente entre

amoureux ou dans un couple peut porter sur l'argent, l'éducation des enfants, la place de la belle famille, le manque d'attention ou de considération ou des problèmes d'ordre sexuel. Il faut du temps, de l'humilité, de la bonne communication et du courage pour traiter ces genres de question, et bâtir une relation intime et forte, capable de rester stable malgré les pressions ;

- Un mariage ou une relation amoureuse qui dure est faite de deux personnes prêtes à se supporter et se pardonner ;
- Aimer c'est accepter de souffrir pour une cause noble ;
- Enfin, l'amour et le respect mutuels restent la clef du bonheur durable dans une relation de couple.

Benoit KAPIAMBA mon très cher ami, je n'aimerai pas terminer cette lettre sans te dire mon intime conviction que cette histoire n'est pas fini! Dans ce monde ou celui à venir, j'aurais une troisième histoire d'amour. Est-ce que ce sera le renouvellement d'une ancienne histoire qui s'est arrêtée ou changera-t-elle d'identité ? Seul l'avenir nous le dira.

Transmet mes amitiés à ta chère SOPHIE. Je vous aime tous les deux. Portez-vous bien.

Ton ami pour l'éternité, JOHN MUTUMOSI

TABLE DES MATIERES

MIX
Papier aus verantwortungsvollen Quellen
Paper from responsible sources
FSC® C105338

Printed by Books on Demand GmbH, Norderstedt / Germany